AF254099

COLLECTIONS DE 30 LITHOGRAPHIES

Ont déjà paru : L'Incendiaire, par Luce. — Porteuses de bois, par C. Pissarro.
— L'Errant, par X. — Le Démolisseur, par Signac. — L'Aube, par Jehannet.
L'Aurore, par Willaume. — Les Errants, par Rysselberghe (les sept premières sont
épuisées). — L'Homme mourant, par L. Pissarro. — Les Sans-Gîte, par C. Pissarro.
— Sa Majesté la Famine, par Luce. — On ne marche pas sur l'herbe, par Her-
mann-Paul. — La Vérité au Conseil de Guerre, par Luce (ces quatre épuisées). —
Mineurs belges, par Constantin Meunier. — Ah! les sales CorLeaux! par J. Hénault.
— La Guerre, par Mauris. — Epouvantails, par Chevalier. — Capitalisme, pa.
Comin'Ache. — Education chrétienne, par Roubille. — Provocation, par Lebasque.
— La Débâcle, dessin de Vallotton, gravé par Berger. — Le Dernier gîte du Tri-
mardeur, par Daumont. — L'Assassiné, par C. L. — Souteneurs sociaux, par
Delannoy. — Les Défricheurs, par Agar. — Le Calvaire du mineur, par Coutu-
rier. — Ceux qui mangent le pain noir, par Lebasque. — Les Bienheureux, par
Heidbrinck. — La Jeune Proie, par Lochard. — Le Missionnaire, par Willaume. —
La Libératrice, Steinlen. — Frontispice, Roubille.

Ces lithographies sont vendues 1 fr. 25 l'exemplaire sur papier de Hollande, franco
1 fr. 40 ; édition d'amateur : 3 fr. 50.

Il ne reste qu'un nombre très limité de collections complètes. Elles sont vendues 75 francs
l'édition ordinaire, 150 francs celle d'amateur.

En dehors de l'album, nous avons :

L'Inquisition en Espagne, dessin de Luce		» 50
Un repaire de malfaiteurs, par Willaume	1 » franco	1 40
Rakounine, portrait au burin, par Barbotin	» 50	» 60
Proudhon, portrait au burin, par Barbotin	» 50	» 60
Cafiero, id. id.	» 50	» 60
Un frontispice en couleur, par Willaume, pour le premier volume du Supplément	2 25	2 40
Celui du deuxième volume, par Pissarro	2 25	2 40

Ceux des troisième et quatrième, par Luce et Willetts, sont en préparation.

CARTES POSTALES ILLUSTRÉES

Guerre-Militarisme, dessins du volume du même nom (épuisée).
Patriotisme-Colonisation, dessins de Agar — Angrand — Couturier — Cross
— Hermann-Paul — Jourdain — Lebasque — Luce — Roubille — Willaume, la série
des 10, franco .... » 75
Album des Temps nouveaux, une série de 12 cartes, d'après nos lithogra-
phies, la série 1 15
En préparation, les 12 autres.

CHANSONS

La Carmagnole avec les couplets de 1793, 1830, 1883, etc. .... » 10
L'Internationale, Crevez-moi la sacoche, Le Politicien de E. Pottier. ... » 10
Ouvrier, prends la machine, Qui m'aime me suive, Les Briseurs
d'images .... » 10
La chanson du Gars, A la Caserne, Vivement, brav' Ouvrier, etc.. .... » 10
J'n'aime pas les serpents, Heureux temps, Le Drapeau rouge .... » 10
Le Réveil, La chanson du Linceul .... » 10
Hymne révolutionnaire espagnol, Debout! frères de misère, Les
Affranchis .... » 10
La Marianne, Pendeurs et Pendus, Fraternité .... » 10
Le Chant des Révoltés, Paix et Guerre, Le Chant du Pain .... » 10
Le Père Peinard, Harmonie, Quand viendra-t-elle ? .... » 10
Bonhomme en sa maison, Hymne Anarchiste .... » 10
L'Or, poésie révolutionnaire .... » 10

Publications des « TEMPS NOUVEAUX » — N° 31

Pierre **KROPOTKINE**

AUX

JEUNES GENS

CINQUIÈME ÉDITION

CINQUANTIÈME MILLE

PRIX : 0 fr. 10

PARIS

AU BUREAU DES "*TEMPS NOUVEAUX*"

4, RUE BROCA, 4

1904

AUX JEUNES GENS

I

C'est aux jeunes gens que je veux parler aujourd'hui. Que les vieux — les vieux de cœur et d'esprit, bien entendu — mettent donc la brochure de côté, sans se fatiguer inutilement les yeux à une lecture qui ne leur dira rien.

Je suppose que vous approchez des dix-huit ou vingt ans; que vous finissez votre apprentissage ou vos études; que vous allez entrer dans la vie. Vous avez, je le pense, l'esprit dégagé des superstitions qu'on a cherché à vous inculquer : vous n'avez pas peur du diable et vous n'allez pas entendre déblatérer les curés et pasteurs. Qui plus est, vous n'êtes pas un des gommeux, tristes produits d'une société au déclin, qui promènent sur les trottoirs leurs pantalons mexicains et leurs faces de singe et qui déjà à cet âge n'ont que des appétits de jouissance à tout prix..., je suppose au contraire que vous avez le cœur bien à sa place, et c'est à cause de cela que je vous parle.

Une première question, je le sais, se pose devant vous. — « Que vais-je devenir? » vous êtes-vous demandé maintes fois. En effet, lorsqu'on est jeune on comprend qu'après avoir étudié un métier

ou une science pendant plusieurs années — aux frais de la
société, notez-le bien — ce n'est pas pour s'en faire un instrument
d'exploitation, et il faudrait être bien dépravé, bien rongé par le
vice, pour ne jamais avoir rêvé d'appliquer un jour son intelligence, ses capacités, son savoir, à aider à l'affranchissement
de ceux qui grouillent aujourd'hui dans la misère et dans
l'ignorance.

Vous êtes de ceux qui l'avez rêvé, n'est-ce pas? Eh bien,
voyons, qu'est-ce que vous allez faire pour que votre rêve
devienne une réalité?

———

Je ne sais pas dans quelles conditions vous êtes né. Peut-être,
favorisé par le sort, avez-vous fait des études scientifiques ; c'est
médecin, avocat, homme de lettres ou de science que vous allez
devenir ; un large champ d'action s'ouvre devant vous ; vous
entrez dans la vie avec de vastes connaissances, des aptitudes
exercées ; ou bien, vous êtes un honnête artisan, dont les connaissances scientifiques se bornent au peu que vous avez appris à
l'école, mais qui avez eu l'avantage de connaître de près ce
qu'est la vie de rude labeur menée par le travailleur de nos
jours.

Je m'arrête à la première supposition, pour revenir ensuite à
la seconde ; j'admets que vous avez reçu une éducation scientifique. Supposons que vous allez devenir. . médecin.

Demain, un homme en blouse viendra vous chercher pour voir
une malade. Il vous mènera dans une de ces ruelles, où les voi-
sines se touchent presque la main par-dessus la tête du passant ;

vous montez dans un air corrompu, à la lumière vacillante d'un lampion, deux, trois, quatre, cinq étages couverts d'une crasse glissante, et dans une chambre sombre et froide vous trouvez la malade couchée sur un grabat, recouverte de sales haillons. Des enfants pâles, livides, grelottant sous leurs guenilles, vous regardent de leurs yeux grands ouverts.

Le mari a travaillé toute sa vie des douze et treize heures à n'importe quel labeur : maintenant il chôme depuis trois mois. Le chômage n'est pas rare dans son métier ; il se répète périodiquement toutes les années ; mais autrefois, quand il chômait, la femme allait travailler comme journalière... laver vos chemises peut-être, en gagnant trente sous par jour ; mais la voilà alitée depuis deux mois et la misère se dresse hideuse devant la famille.

Que conseillerez-vous à la malade, Monsieur le docteur? vous, qui avez deviné que la cause de la maladie, c'est l'anémie générale, le manque de bonne nourriture, le manque d'air? Un bon bifteck chaque jour? un peu de mouvement à l'air libre? une chambre sèche et bien aérée ? Quelle ironie ! Si elle le pouvait, elle l'aurait déjà fait sans attendre vos conseils !

Si vous avez le cœur bon, la parole franche, le regard honnête, la famille vous contera bien des choses. Elle vous dira que de l'autre côté de la cloison, cette femme qui tousse d'une toux qui vous fend le cœur, est la pauvre repasseuse ; qu'un escalier plus bas, tous les enfants ont la fièvre ; que la blanchisseuse du rez-de-chaussée, elle non plus ne verra pas le printemps, et que dans la maison à côté c'est encore pis.

Que direz-vous à tous ces malades? Bonne nourriture, changement de climat, un travail moins pénible?... Vous auriez voulu pouvoir le dire, mais vous n'osez pas, et vous sortez le cœur brisé, la malédiction sur les lèvres.

Le lendemain vous réfléchissez encore aux habitants du taudis, lorsque votre camarade vous raconte qu'hier un valet de pied est venu le chercher, en carrosse cette fois-ci. C'était pour l'habitante d'un riche hôtel, pour une dame, épuisée par des nuits sans som-

meil, qui donne toute sa vie aux toilettes, aux visites, à la danse
et aux querelles avec un mari butor. Votre camarade lui a con-
seillé une vie moins inepte, une nourriture moins échauffante,
des promenades à l'air frais, le calme de l'esprit et un peu de
gymnastique de chambre, pour remplacer jusqu'à un certain
point le travail productif !

L'une meurt parce que, toute sa vie durant, elle n'a jamais
assez mangé, ne s'est jamais suffisamment reposée ; l'autre
languit parce que durant toute sa vie elle n'a jamais su ce que
c'est que le travail...

Si vous êtes une de ces natures mollasses qui se font à tout, qui
à la vue des faits les plus révoltants se soulagent par un léger
soupir et par une chope, alors vous vous ferez à la longue à ces
contrastes et, la nature de la bête aidant, vous n'aurez plus qu'une
pensée, celle de vous caser dans les rangs des jouisseurs pour ne
jamais vous trouver parmi les misérables. Mais si vous êtes « un
homme », si chaque sentiment se traduit chez vous par un acte
de volonté, si la bête en vous n'a pas tué l'être intelligent, alors,
vous reviendrez un jour chez vous en disant : « Non, c'est injuste,
cela ne doit pas traîner ainsi. Il ne s'agit pas de guérir les maladies, il faut les prévenir. Un peu de bien-être et de développement intellectuel suffiraient pour rayer de nos listes la moitié des
malades et des maladies. Au diable les drogues ! De l'air, de la
nourriture, un travail moins abrutissant, c'est par là qu'il faut
commencer. Sans cela, tout ce métier de médecin n'est qu'une
duperie et un faux-semblant. »

Ce jour-là vous comprendrez le socialisme. Vous voudrez e
connaître de près, et si l'altruisme n'est pas pour vous un mot
vide de sens, si vous appliquez à l'étude de la question sociale la
sévère induction du naturaliste, vous finirez par vous trouver
dans nos rangs, et vous travaillerez, comme nous, à la révolution
sociale.

Mais peut-être direz-vous : « Au diable la pratique ! Comme l'astronome, le physicien, le chimiste, consacrons-nous à la science pure. Celle-là portera toujours ses fruits, ne fût-ce que pour les générations futures ! »

Tâchons d'abord de nous entendre sur ce que vous chercherez dans la science. Sera-ce simplement la jouissance — certainement immense — que nous donnent l'étude des mystères de la nature et l'exercice de nos facultés intellectuelles ? Dans ce cas-là, je vous demanderai, en quoi le savant qui cultive la science pour passer agréablement sa vie diffère-t-il de cet ivrogne qui, lui aussi, ne cherche dans la vie que la jouissance immédiate et qui la trouve dans le vin ? Le savant a, certes, mieux choisi la source de ses jouissances, puisque la sienne lui en procure de plus intenses et de plus durables, mais c'est tout ! L'un et l'autre, l'ivrogne et le savant, ont le même but égoïste, la jouissance personnelle.

Mais non, vous ne voudrez pas de cette vie d'égoïste. En travaillant pour la science, vous entendez travailler pour l'humanité, et c'est par cette idée que vous vous guiderez dans le choix de vos recherches...

Belle illusion ! et qui de nous ne l'a caressée un moment lorsqu'il se donnait pour la première fois à la science !

Mais alors, si réellement vous songez à l'humanité, si c'est elle que vous visez dans vos études, une formidable objection vient se dresser devant vous; car, pour peu que vous ayez l'esprit juste, vous remarquez immédiatement que dans la société actuelle, la science n'est qu'un objet de luxe, qui sert à rendre la vie plus agréable à quelques-uns et qui reste absolument inaccessible à la presque totalité de l'humanité.

En effet, il y a plus d'un siècle que la science a établi de saines notions cosmogoniques, mais à combien s'élève le nombre de ceux qui les possèdent ou qui ont acquis un esprit de critique réellement scientifique ? A quelques milliers à peine, qui se perdent au milieu de centaines de millions partageant encore des préjugés et des superstitions, dignes de barbares, exposés en conséquence à servir toujours de jouets aux imposteurs religieux.

Ou bien, jetez seulement un coup d'œil sur ce que la science a fait pour élaborer les bases rationnelles de l'hygiène physique et morale. Elle nous dit comment nous devons vivre pour conserver la santé de notre corps, comment maintenir en bon état nos agglomérations de populations ; elle indique la voie du bonheur intellectuel et moral. Mais tout le travail immense accompli dans ces deux voies, ne reste-t-il pas à l'état de lettre morte dans nos livres ? Et pourquoi cela ? — Parce que la science, aujourd'hui, n'est faite que pour une poignée de privilégiés, parce que l'inégalité sociale qui divise la société en deux classes, celle des salariés et celle des détenteurs du capital, fait de tous les enseignements sur les conditions de la vie rationnelle comme une raillerie pour les neuf dixièmes de l'humanité.

Je pourrais vous citer encore bien des exemples, mais j'abrège : sortez seulement du cabinet de Faust dont les vitraux noircis de poussière laissent à peine pénétrer sur les livres la lumière du grand jour, regardez autour de vous et à chaque pas vous trouverez vous-même des preuves à l'appui de cette idée.

Il ne s'agit plus en ce moment d'accumuler les vérités et les découvertes scientifiques. Il importe avant tout de répandre les vérités acquises par la science, de les faire entrer dans la vie, d'en faire un domaine commun. Il importe de faire en sorte que tous, l'humanité entière, deviennent capables de se les assimiler, de les appliquer : que la science cesse d'être un luxe, qu'elle soit la base de la vie de tous. La justice le veut ainsi.

Je dirai plus : c'est l'intérêt de la science elle-même qui l'impose. La science ne fait de progrès réels que lorsqu'une vérité nouvelle trouve déjà un milieu préparé à l'accepter. La théorie de l'origine mécanique de la chaleur, énoncée au siècle passé presque dans les mêmes termes que l'énoncent Hirn et Clausius, resta enfouie dans les Mémoires académiques jusqu'à ce que les connaissances physiques aient été suffisamment répandues pour créer

un milieu capable de les accepter. Il a fallu que trois générations
se succédassent pour que les idées d'Erasme Darwin sur la varia-
bilité des espèces fussent favorablement accueillies de la bouche
de son petit-fils et pour qu'elles fussent admises par les *savants*
académiciens, non sans pression, il est vrai, de la part de l'opinion
publique. Le savant, comme le poète ou l'artiste, est toujours le
produit de la société dans laquelle il se meut et enseigne.

Mais si vous vous pénétrez de ces idées, vous comprendrez
qu'avant tout il importe de produire une modification profonde
dans cet état de choses qui condamne aujourd'hui le savant à
regorger de vérités scientifiques et la presque totalité des êtres
humains à rester ce qu'ils étaient il y a cinq, dix siècles, c'est-à-
dire à l'état d'esclaves et de machines, incapables de s'assimiler
les vérités établies. Et le jour où vous vous pénétrerez de cette
idée, large, humanitaire et profondément scientifique, ce jour-là
vous perdrez le goût de la science pure. Vous vous mettrez à la
recherche des moyens d'opérer cette transformation, et si vous
apportez dans vos recherches l'impartialité qui vous a guidé dans
vos investigations scientifiques, vous adopterez nécessairement la
cause du socialisme ; vous couperez court aux sophismes et vous
viendrez vous ranger parmi nous ; las de travailler à procurer des
jouissances à ce petit groupe qui en a déjà sa large part, vous
mettrez vos lumières et votre dévouement au service immédiat des
opprimés.

Et soyez sûr qu'alors, le sentiment du devoir accompli et un
accord réel s'établissant entre vos sentiments et vos actes, vous
retrouverez en vous des forces dont vous n'avez pas même soup-
çonné l'existence. Et lorsque, un jour — il n'est pas loin en tous

cas, n'en déplaise à vos professeurs — lorsqu'un jour, dis-je, la modification pour laquelle vous aurez travaillé s'opérera, — alors, puisant des forces nouvelles dans le travail scientifique collectif et dans le concours puissant des armées de travailleurs qui vien dront mettre leurs forces à son service, la science prendra un nouvel essor, en comparaison duquel les lents progrès d'aujourd'hui paraîtront de simples exercices d'écoliers.

Alors, jouissez de la science : cette jouissance sera pour tous !

II

Si vous terminez vos études de droit et si vous vous préparez pour le barreau, il se peut que vous aussi, vous vous fassiez des illusions relativement à votre activité future, — j'admets donc que vous êtes des meilleurs de ceux qui connaissent l'altruisme ! Vous pensez, peut-être : « Consacrer sa vie à une lutte sans trève ni merci contre toutes les injustices ! S'appliquer constamment à faire triompher la loi, expression de la justice suprême ! Quelle vocation pourrait être plus belle ! » et vous entrez dans la vie, plein de confiance en vous-même, en la vocation que vous avez choisie.

Eh bien, ouvrons au hasard la chronique judiciaire et voyons ce que la société va vous dire.

Voici un riche propriétaire; il demande l'expulsion d'un fermier-paysan qui ne paie pas la rente convenue. Au point de vue légal, il n'y a pas d'hésitation possible : puisque le paysan ne paie pas, il faut qu'il s'en aille. Mais si nous analysons les faits, voici ce que nous apprenons. Le propriétaire a toujours dissipé ses rentes en festins joyeux, le paysan a toujours travaillé. Le propriétaire n'a rien fait pour améliorer ses terres, et néanmoins la valeur en a triplé en cinquante ans, grâce à la plus-value donnée au sol par le tracé d'une voie ferrée, par les nouvelles routes vicinales, par le desséchement des marais, par le défrichage des côtes incultes; et le paysan qui a contribué pour une large part à donner cette plus-value à la terre, s'est ruiné; tombé entre les mains des agents d'affaires, perdu de dettes, il ne peut plus payer son propriétaire. La loi, toujours du côté de la propriété, est formelle; elle donne raison au propriétaire. Mais vous, en qui les fictions juridiques n'ont pas encore tué le sentiment de la justice, que ferez-vous ? Demanderez-vous qu'on jette le fermier sur la grande route — c'est la loi qui l'ordonne, — ou bien demanderez-vous que le propriétaire restitue au fermier toute la part de la plus-value qui est due au travail de celui-ci ? — c'est l'équité qui vous le dicte. De quel côté vous mettrez-vous ? pour la loi, mais contre la justice ? ou bien pour la justice, mais alors contre la loi ?

Et lorsque des ouvriers se seront mis en grève contre leur patron, sans le prévenir quinze jours à l'avance, de quel côté vous rangerez-vous ? Du côté de la loi, c'est-à-dire du côté du patron qui, profitant d'un temps de crise, réalisait des bénéfices scandaleux (lisez les fameux procès de Reims), ou bien contre la loi, mais pour les ouvriers qui percevaient pendant ce temps-là des salaires de 2 fr. 50 et voyaient dépérir leur femme et leurs enfants ? Défendrez-vous cette fiction qui consiste à affirmer la « liberté des transactions » ? Ou bien soutiendrez-vous l'équité, en vertu de laquelle un contrat conclu entre celui qui a bien dîné et celui qui vend son travail pour manger, entre le fort et le faible, n'est pas un contrat.

Voici un autre fait. Un jour, à Paris, un homme rôdait près d'une boucherie. Il saisit un bifteck et se met à courir. On l'arrête, on le questionne, et l'on apprend que c'est un ouvrier sans travail, que lui et sa famille n'ont rien mangé depuis quatre jours. On supplie le boucher de lâcher l'homme, mais le boucher veut le triomphe de la justice ! il poursuit, et l'homme est condamné à six mois de prison. C'est ainsi que le veut l'aveugle Thémis. — Et votre conscience ne se révoltera pas contre la loi et contre la société, en voyant que des condamnations analogues se prononcent chaque jour !

Ou bien, demanderez-vous l'application de la loi contre cet homme qui, malmené, bafoué dès son enfance, grandi sans jamais avoir entendu un mot de sympathie, finit par tuer son voisin pour lui prendre cent sous ? Vous demanderez qu'on le guillotine, ou — qui pis est — qu'on l'enferme pour vingt ans dans une prison, lorsque vous savez qu'il est plus malade que criminel et qu'en tout cas c'est sur la société entière que retombe son crime ?

Demanderez-vous qu'on jette dans les cachots ces tisserands qui, dans un moment d'exaspération, ont mis le feu à la fabrique ? qu'on envoie aux pontons cet homme qui a tiré sur un assassin couronné? qu'on fusille ce peuple insurgé qui plante sur les barricades le drapeau de l'avenir?

— Non, mille fois non !

Si vous *raisonnez*, au lieu de répéter ce qu'on vous a enseigné; si vous analysez et dégagez la loi de ces nuages de fictions dont on l'a entourée pour voiler son origine, qui est le droit du plus fort, et sa substance, qui a toujours été la consécration de toutes les oppressions léguées à l'humanité par sa sanglante histoire, — vous aurez un mépris suprême de cette loi. Vous comprendrez que rester serviteur de la loi écrite, c'est chaque jour se mettre en opposition avec la loi de la conscience et marchander avec elle ; et, comme cette lutte ne peut durer, ou bien vous ferez taire votre conscience et deviendrez un coquin, ou bien vous romprez avec la tradition et viendrez travailler avec nous à l'abolition de toutes les injustices : économiques, politiques, sociales.

Mais alors vous serez socialiste, vous serez révolutionnaire.

Et vous, jeune ingénieur, qui rêvez d'améliorer, par les applications de la science à l'industrie, le sort des travailleurs, — quel triste désenchantement, quels déboires vous attendent ! Vous donnez l'énergie juvénile de votre intelligence à l'élaboration d'un projet de voie ferrée qui, serpentant au bord des précipices et perçant le cœur des géants de granit, ira rallier deux pays séparés par la nature. Mais, une fois à l'œuvre, vous voyez dans

ce sombre tunnel, des bataillons ouvriers décimés par les privations et les maladies; vous en voyez d'autres retourner chez soi,
emportant à peine quelques sous et les germes indubitables de
phtisie, vous voyez les cadavres humains — résultats d'une cra-
puleuse avarice — marquer chaque mètre d'avancement de votre
voie, et, cette voie terminée, vous voyez enfin qu'elle devient un
chemin pour les canons des envahisseurs...

Vous avez voué votre jeunesse à une découverte qui doit sim-
plifier la production, et après bien des efforts, bien des nuits sans
sommeil, vous voilà enfin en possession de cette précieuse découverte. Vous l'appliquez, et le résultat dépasse vos espérances. Dix
mille, vingt mille ouvriers seront jetés sur le pavé! Ceux qui restent, des enfants pour la plupart, seront réduits à l'état de
machines! Trois, quatre, dix patrons feront fortune et « boiront
champagne à plein verre... » Est-ce cela que vous avez rêvé?

Enfin vous étudiez les progrès industriels récents et vous voyez
que la couturière n'a rien, absolument rien gagné à la découverte
de la machine à coudre; que l'ouvrier du Gothard meurt d'anky-
lostomasie en dépit des perforatrices à couronnes de diamant, que
le maçon et le journalier chôment comme auparavant à côté des
ascenseurs Giffard, — et si vous discutez les problèmes sociaux
avec cette indépendance d'esprit qui vous a guidé dans vos problèmes techniques, vous arrivez nécessairement à la conclusion
que, sous le régime de la propriété privée et du salariat, chaque
nouvelle découverte, loin d'augmenter le bien-être du travailleur,
ne fait que rendre sa servitude plus lourde, le travail plus abrutissant, le chômage plus fréquent et les crises plus aiguës, et que
celui qui a déjà pour lui toutes les jouissances, est le seul qui en
profite.

Que ferez-vous alors, une fois arrivé à cette conclusion? — Ou
bien, vous commencerez par faire taire votre conscience par des
sophismes; puis, un beau jour, vous donnerez congé à vos hon-
nêtes rêves de jeunesse et vous chercherez à vous emparer, pour
vous-même, de ce qui donne droit aux jouissances, — vous irez

alors dans le camp des exploiteurs. Ou bien, si vous avez du cœur, vous vous direz : — « Non, ce n'est pas le temps de faire des découvertes ! Travaillons d'abord à transformer le régime de la production ; lorsque la propriété individuelle sera abolie, alors chaque nouveau progrès industriel se fera au bénéfice de toute l'humanité; et toute cette masse de travailleurs, machines aujourd'hui, êtres pensants alors, appliquant à l'industrie leur intuition soutenue par l'étude et exercée par le travail manuel, le progrès technique prendra un essor qui fera en cinquante ans ce que nous n'osons pas même rêver aujourd'hui. »

———

Et que dire au maître d'école, — non pas à celui qui considère sa profession comme un ennuyeux métier, mais à celui qui, entouré d'une bande joyeuse de moutards, se sent à son aise sous leurs regards animés, au milieu de leurs joyeux sourires, et qui cherche à réveiller dans ces petites têtes les idées humanitaires qu'il caressait lui-même lorsqu'il était jeune ?

Souvent, je vous vois triste, et je sais ce qui vous fait froncer les sourcils. Aujourd'hui votre élève le plus aimé, qui n'est pas très avancé en latin, c'est vrai, mais n'en a pas moins bon cœur, racontait avec tant d'entrain la légende de Guillaume Tell ! ses yeux brillaient, il semblait vouloir poignarder sur place tous les tyrans; il disait avec tant de feu ce vers passionné de Schiller :

> Devant l'esclave, quand il rompt sa chaîne,
> Devant l'homme libre, ne tremble pas!

Mais rentré à la maison, sa mère, son père, son oncle, l'ont vertement réprimandé pour le manque d'égards qu'il a eu envers M. le pasteur ou le garde champêtre : ils lui ont chanté pendant une heure « la prudence, le respect aux autorités, la soumission ». si bien qu'il a mis Schiller de côté pour lire l'*Art de faire son chemin dans le monde*.

Et puis, hier encore, on vous disait que vos meilleurs élèves ont tous mal tourné : l'un ne fait que rêver épaulettes, l'autre, en compagnie de son patron, vole le maigre salaire des ouvriers, et vous, qui aviez mis tant d'espérance en ces jeunes gens, vous réfléchissez à présent sur la triste contradiction qui existe entre la vie et l'idéal.

Vous y réfléchissez encore ! mais je prévois que dans deux ans, après avoir eu désillusion sur désillusion, vous mettrez vos auteurs favoris de côté et que vous finirez par dire que Guillaume Tell était certainement un très honnête père, mais, somme toute, un peu fou ; que la poésie est une chose excellente au coin du feu, surtout lorsqu'on a enseigné pendant toute une journée la règle des intérêts composés, mais qu'après tout, messieurs les poètes vivent toujours dans les nuages et que leurs vers n'ont rien à faire, ni avec la vie, ni avec la prochaine visite de M. l'inspecteur...

Ou bien, vos rêves de jeunesse deviendront la ferme conviction de l'homme mûr. Vous voudrez l'instruction large, humanitaire, pour tous, à l'école et en dehors de l'école, et voyant qu'elle est impossible dans les conditions actuelles, vous vous attaquerez aux bases mêmes de la société bourgeoise. Alors, mis en disponibilité par le ministère, vous quitterez l'école et vous viendrez parmi nous, avec nous, dire aux hommes âgés, mais moins instruits que vous, ce que le savoir a d'attrayant, ce que l'humanité doit être, ce qu'elle peut être. Vous viendrez travailler avec les socialistes à la transformation complète du régime actuel dans le sens de l'égalité, de la solidarité, de la liberté.

Et vous, jeune artiste, sculpteur, peintre, poète, musicien, ne remarquez-vous pas que le feu sacré qui avait inspiré tel de vos prédécesseurs, vous manque aujourd'hui, à vous et aux vôtres ? que l'art est banal, que la médiocrité règne ?

Et pourrait-il en être autrement ? La joie d'avoir retrouvé le monde antique, de s'être retrempé aux sources de la nature, qui fit les chefs-d'œuvre de la Renaissance, n'existe plus pour l'art contemporain ; l'idée révolutionnaire l'a laissé froid jusqu'à présent et, en l'absence d'idée, il croit en avoir trouvé une dans le réalisme, lorsqu'il s'évertue aujourd'hui à photographier en couleurs la goutte de rosée sur la feuille d'une plante, à imiter les muscles fessiers d'une vache, ou à dépeindre minutieusement, en prose et en vers, la boue suffocante d'un égout, le boudoir d'une femme galante !

Mais, s'il en est ainsi, que faire ? direz vous.

— Si le feu sacré que vous dites posséder, n'est qu'un « ... gnon fumant », alors vous continuerez à faire comme vous avez fait, et votre art dégénérera bientôt en métier de décorateur des salons du boutiquier, de pourvoyeur de libretti aux Bouffes et de feuilletons à M. de Girardin, — la plupart d'entre vous marchent déjà à pleine vapeur sur cette pente inclinée...

Mais si réellement votre cœur bat à l'unisson avec celui de l'humanité, si, en vrai poète, vous avez une oreille pour entendre la vie, alors, en présence de cette mer de souffrances dont le flot monte autour de vous, en présence de ces peuples mourant de faim, de ces cadavres entassés dans les mines et de ces corps mutilés gisant en monticules au pied des barricades, de ces convois d'exilés qui vont s'enterrer dans les neiges de la Sibérie et sur les plages des îles tropicales, en présence de la lutte suprême qui s'engage, des cris de douleur des vaincus et des orgies des vainqueurs, de l'héroïsme aux prises avec la lâcheté, du noble entrain et de la basse méchanceté, — vous ne pourrez plus rester neutre : vous viendrez vous ranger du côté des opprimés, parce que vous savez que le beau, le sublime, la vie enfin, sont du côté de ceux qui luttent pour la lumière, pour l'humanité, pour la justice !

Vous m'arrêtez enfin !

— Que diable ! dites-vous. — Mais si la science abstraite est un luxe et la pratique de la médecine un faux-semblant ; si la loi est une injustice et la découverte technique un instrument d'exploitation ; si l'école, aux prises avec la sagesse du praticien, est sûre d'être vaincue, et l'art sans idée révolutionnaire ne peut que dégénérer, que me reste-t-il donc à faire?

Eh bien, je vous réponds :

— Un travail immense, attrayant au plus haut degré, un travail dans lequel les actes qui seront en complet accord avec la conscience, un travail capable d'entraîner les natures les plus nobles, les plus vigoureuses.

Quel travail ? — Je vais vous le dire.

III

— Ou bien, transiger continuellement avec sa conscience et finir un beau jour par se dire : « Périsse l'humanité, pourvu que je puisse avoir toutes les jouissances et en profiter tant que le peuple sera assez bête pour me laisser faire. » — Ou bien, se ranger avec les socialistes et travailler avec eux à la transformation complète de la société. Telle est la conséquence forcée de l'analyse que nous avons faite. Telle sera toujours la conclusion logique, à laquelle devra forcément arriver tout être intelligent, pourvu qu'il raisonne honnêtement sur ce qui se passe autour de lui, pour peu qu'il sache avoir raison des sophismes que lui soufflent à l'oreille son éducation bourgeoise et l'opinion intéressée de ceux qui l'entourent.

Cette conclusion une fois acquise, la question : « Que faire ? » est venue naturellement se poser.

La réponse est facile.

Sortez seulement de ce milieu dans lequel vous êtes placé et où il est d'usage de dire que le peuple n'est qu'un tas de brutes, venez vers ce peuple — et la réponse surgira d'elle-même.

Vous verrez que partout, en France comme en Allemagne, en Italie comme aux Etats-Unis, partout où il y a des privilégiés et des opprimés, il s'opère au sein de la classe ouvrière un travail gigantesque, dont le but est de briser à jamais les servitudes imposées par la féodalité capitaliste, et de jeter les fondements d'une société établie sur les bases de la justice et de l'égalité. Il ne suffit plus au peuple d'aujourd'hui d'exprimer ses plaintes par une de ces chansons dont la mélodie vous fendait le cœur et que chantaient les serfs du dix-huitième siècle, que chante encore le paysan slave ; il travaille, avec la conscience de ce qu'il a fait et contre tous les obstacles, à son affranchissement.

Sa pensée s'exerce constamment à deviner ce qu'il s'agit de faire, pour que la vie, au lieu d'être une malédiction pour les trois quarts de l'humanité, soit un bonheur pour tous. Il aborde les problèmes les plus ardus de la sociologie et cherche à les résoudre avec son bon sens, son esprit d'observation, sa rude expérience. Pour s'entendre avec d'autres misérables comme lui, il cherche à se grouper, à s'organiser. Il se constitue en sociétés soutenues avec peine par de minces cotisations ; il cherche à s'entendre à travers les frontières et, mieux que les rhéteurs philanthropes, il prépare le jour où les guerres entre peuples deviendront impossibles. Pour savoir ce que font ses frères, pour mieux les connaître, pour élaborer les idées et les propager, il soutient — mais au prix de quelles privations, de quels efforts ! — sa presse ouvrière. Enfin, l'heure est venue, il se lève et, rougissant de son sang les pavés des barricades, il se lance à la conquête de ces libertés que les riches et les puissants ont su corrompre en privilèges pour les tourner encore contre lui.

Quelle série d'efforts continuels ! quelle lutte incessante ! Quel travail, recommencé constamment, tantôt pour combler les vides qui se font par les désertions — suite de la lassitude, de la corruption, des poursuites ; tantôt pour reconstituer les rangs éclaircis par les fusillades et les mitraillades ! tantôt pour reprendre les études brusquement interrompues par les exterminations en bloc !

Les journaux sont créés par des hommes qui ont dû voler à la société des bribes d'instruction en se privant de sommeil et de nourriture ; l'agitation est soutenue par des sous, pris sur le strict nécessaire, souvent sur le pain sec ; et, tout cela, sous l'appréhension continuelle de voir bientôt la famille réduite à la plus

affreuse des misères, dès que le patron s'apercevra que « son ouvrier, son esclave, fait du socialisme ! »

Voilà ce que vous verrez, si vous allez dans le peuple.

Et dans cette lutte sans fin, que de fois le travailleur, succom-
bant sous le poids des obstacles, ne s'est-il pas demandé vaine-
ment : « Où sont-ils donc ces jeunes gens qui se sont donné
l'instruction à nos frais ? ces jeunes, que nous avons nourris et
vêtus pendant qu'ils étudiaient ? pour qui, le dos courbé sous le
fardeau, et le ventre creux, nous avons bâti ces maisons, ces aca-
démies, ces musées ? pour qui, le visage blême, nous avons
imprimé ces beaux livres que nous ne pouvons pas même lire ?
Où sont-ils, ces professeurs qui disent posséder la science humanitaire et pour qui l'humanité ne vaut pas une espèce rare de che-
nilles ? Ces hommes qui parlent de liberté et jamais ne défendent
la nôtre, chaque jour foulée aux pieds ? Ces écrivains, ces poètes,
ces peintres, toute cette bande d'hypocrites en un mot qui, les
larmes aux yeux, parlent du peuple et qui jamais ne se sont
trouvés avec nous, pour nous aider dans nos travaux ? »

Les uns se plaisent dans leur lâche indifférence ; les autres, le
grand nombre, méprisent « la canaille » et sont prêts à se ruer
sur elle, si elle ose toucher à leurs privilèges.

De temps en temps il arrive bien un jeune homme qui rêve
tambours et barricades, et qui vient chercher des scènes à sensa-
tion, mais qui déserte la cause du peuple dès qu'il s'aperçoit que
la route de la barricade est longue, que le travail est pénible et

que sur cette route les couronnes de laurier qu'il rêve conquérir, sont mêlées d'épines. Le plus souvent, ce sont des ambitieux inassouvis, qui, après avoir échoué dans leurs premières tentatives, cherchent à capter les suffrages du peuple, mais qui plus tard seront les premiers à tonner contre lui, dès qu'il voudra appliquer les principes qu'ils ont eux-mêmes professés, peut-être même feront braquer les canons contre le prolétaire s'il ose bouger avant que, eux, les chefs de file, en aient donné le signal.

Ajoutez la sotte injure, le mépris hautain, la lâche calomnie de la part du grand nombre, et vous aurez tout ce que le peuple reçoit maintenant de la part de la jeunesse bourgeoise, pour l'aider dans son évolution sociale.

Et après cela vous demanderiez encore : « Que faire ? » lorsque tout est à faire ; lorsque toute une armée de jeunes gens trouverait à quoi appliquer la force entière de leurs jeunes énergies, de leurs intelligences, de leurs talents, pour aider le peuple dans l'immense tâche qu'il a entreprise !

Vous, amateurs de science pure, si vous vous êtes pénétrés des principes du socialisme, si vous avez compris toute la portée de la révolution qui s'annonce, ne remarquez-vous pas que toute la science est à refaire pour la mettre d'accord avec les principes nouveaux ; qu'il s'agit d'accomplir dans ce domaine une révolution dont l'importance surpassera de beaucoup celle qui s'est accomplie dans les sciences au dix-huitième siècle? Ne comprenez-vous pas que l'histoire — aujourd'hui « fable convenue » sur la grandeur des rois, des grands personnages et des parlements — est toute à refondre au point de vue populaire, au point de vue du travail accompli par les masses dans les évolutions de l'humanité? Que l'économie sociale — aujourd'hui consécration de l'exploitation capitaliste — est toute à élaborer de nouveau, aussi bien dans ses principes fondamentaux que dans ses innombrables applications? Que l'anthropologie, la sociologie, l'éthique sont complètement à remanier et que les sciences naturelles elles-mêmes, envisagées à un point de vue nouveau, doivent subir une modification profonde quant à la manière de concevoir les phénomènes naturels et à la méthode d'exposition? — Eh bien, faites-le ! Mettez vos lumières au service d'une bonne cause! Mais surtout venez nous aider par votre logique serrée à combattre les préjugés séculaires, à élaborer par synthèse les bases d'une meilleure organisation ; surtout enseignez-nous à appliquer à nos raisonnements la hardiesse de la véritable investigation scientifique et, prêchant d'exemple, montrez-nous comment on sacrifie sa vie pour le triomphe de la vérité !

Vous, médecin, auquel la rude expérience a fait comprendre le socialisme, ne vous lassez pas de vous dire, aujourd'hui, demain, chaque jour et à chaque occasion, que l'humanité marche à la dégénérescence si elle reste dans les conditions actuelles d'existence et de travail ; que vos drogues resteront impuissantes contre les maladies, tant que les quatre-vingt-dix-neuf centièmes de l'humanité végéteront dans des conditions absolument contraires à ce que veut la science; que ce sont les causes des maladies qui doivent être éliminées, et dites ce qu'il faut pour éliminer ces causes. Venez avec votre scalpel, disséquer d'une main sûre cette société en voie de décomposition, nous dire ce qu'une existence rationnelle devrait et pourrait être et, en vrai médecin, nous répéter que l'on ne s'arrête pas devant la suppression d'un membre gangrené lorsqu'il peut infecter tout le corps.

Vous, qui avez travaillé aux applications de la science à l'in-

dustrie, venez donc nous raconter franchement quel a été le résultat de vos découvertes ; faites entrevoir à ceux qui n'osent pas
encore se lancer hardiment vers l'avenir, ce que le savoir déjà
acquis porte dans ses flancs d'inventions nouvelles, ce que pourrait être l'industrie dans de meilleures conditions, ce que l'homme
pourrait produire s'il produisait toujours pour augmenter sa production. Apportez donc au peuple le concours de votre intuition,
de votre esprit pratique et de vos talents d'organisation, au lieu
de les mettre au service des exploiteurs.

Vous, poètes, peintres, sculpteurs, musiciens, si vous avez
compris votre vraie mission et les intérêts de l'art lui-même,
venez donc mettre votre plume, votre pinceau, votre burin, au
service de la révolution. Racontez-nous dans votre style imagé,
ou dans vos tableaux saisissants, les luttes titaniques des peuples contre leurs oppresseurs ; enflammez les jeunes cœurs de ce
beau souffle révolutionnaire qui inspirait nos ancêtres ; dites à
la femme ce que l'activité de son mari a de beau s'il donne sa vie
à la grande cause de l'émancipation sociale. Montrez au peuple ce
que la vie actuelle a de laid, et faites-nous toucher du doigt les
causes de cette laideur ; dites-nous ce qu'une vie rationnelle
serait, si elle ne se heurtait à chaque pas contre les inepties et les
ignominies de l'ordre social actuel.

Enfin, vous tous qui possédez des connaissances, des talents,
si vous avez du cœur, venez donc, vous et vos compagnes, les
mettre au service de ceux qui en ont le plus besoin. Et sachez que
si vous venez, non pas en maîtres, mais en camarades de lutte ;
non pas pour gouverner, mais pour vous inspirer vous-mêmes
dans un milieu nouveau qui marche à la conquête de l'avenir ;
moins pour enseigner que pour concevoir les aspirations des
masses, les deviner et les formuler, et puis travailler, sans relâ-
che, continuellement et avec tout l'élan de la jeunesse, à les faire
entrer dans la vie, — sachez qu'alors, mais alors seulement, vous
vivrez d'une vie complète, d'une vie rationnelle. Vous verrez que
chacun de vos efforts faits dans cette voie porte amplement ses

fruits; — et ce sentiment d'accord établi entre vos actes et lês commandements de votre conscience, vous donnera des forces que vous ne soupçonniez pas en vous-mêmes.

La lutte pour la vérité, pour la justice, pour l'égalité, au sein du peuple — que trouvez-vous de plus beau dans la vie?

IV

Il m'a fallu trois longs chapitres pour démontrer aux jeunes gens des classes aisées qu'en présence du dilemme que leur posera la vie, ils seront forcés, s'ils sont courageux et sincères, de venir se ranger avec les socialistes, et d'embrasser avec eux la cause de la révolution sociale. Cette vérité est cependant si simple! Mais, en parlant à ceux qui ont subi l'influence du milieu bourgeois, que de sophismes à combattre, que de préjugés à vaincre! que d'objections intéressées à écarter!

Il m'est facile d'être plus court en vous parlant aujourd'hui, jeunes gens du peuple. La force même des choses vous pousse à devenir socialistes, pour peu que vous ayez le courage de raisonner et d'agir en conséquence. En effet, le socialisme moderne est sorti des profondeurs même du peuple. Si quelques penseurs, issus de la bourgeoisie, sont venus lui apporter la sanction de la science et l'appui de la philosophie, le fond des idées qu'ils ont énoncées n'en est pas moins un produit de l'esprit collectif du peuple-travailleur. Ce socialisme rationnel de l'Internationale, qui fait aujourd'hui notre meilleure force, n'a-t-il pas été élaboré dans les organisations ouvrières, sous l'influence directe des masses? Et les quelques écrivains qui ont prêté leur concours à ce travail d'élaboration ont-ils fait autre chose que de trouver la formule des aspirations qui déjà se faisaient jour parmi les ouvriers?

Sortir des rangs du peuple-travailleur et ne pas se vouer au triomphe du socialisme, c'est donc méconnaître ses propres intérêts, renier sa propre cause et sa mission historique.

Vous souvenez-vous du temps où, gamin encore, vous descendiez par un jour d'hiver vous amuser dans votre sombre ruelle? Le froid vous mordait les épaules à travers vos minces vêtements et la boue emplissait vos souliers déchirés. Déjà, lorsque vous voyiez passer de loin ces enfants potelés et richement vêtus, qui vous regardaient d'un air hautain, — vous saviez parfaitement que ces marmots, tirés à quatre épingles, ne vous valaient, vous et vos camarades, ni par l'intelligence, ni par le bon sens, ni par l'énergie. Mais plus tard, quand vous avez dû vous enfermer dans un sale atelier, dès cinq ou six heures du matin, vous tenir, douze heures durant, près d'une machine bruyante et, machine vous-même, suivre jour par jour et pendant des années entières ses mouvements d'une impitoyable cadence, — pendant ce temps-là eux, les autres, allaient tranquillement s'instruire dans les collèges, dans les belles écoles, dans les universités. Et maintenant, ces mêmes enfants, moins intelligents mais plus instruits que vous, et devenus vos chefs, vont jouir de tous les agréments de la vie, de tous les bienfaits de la civilisation — et vous? qu'est-ce qui vous attend?

Vous rentrez dans un petit appartement sombre et humide, où cinq, six êtres humains grouillent dans l'espace de quelques mètres carrés; où votre mère, fatiguée par la vie, plus vieillie par les soucis que par l'âge, vous offre pour toute nourriture du pain, des pommes de terre et un liquide noirâtre qualifié ironiquement de café; où pour toute distraction vous avez toujours la même question à l'ordre du jour, celle de savoir comment vous paierez demain le boulanger et après-demain le propriétaire!

— Eh quoi! vous faudra-t-il traîner la même existence misérable que votre père et votre mère ont traînée pendant trente, quarante ans! Travailler toute la vie pour procurer à quelques-uns toutes les jouissances du bien-être, du savoir, de l'art, et garder pour soi le souci continuel du morceau de pain? Renoncer à jamais à tout ce qui rend la vie si belle, pour se vouer à procurer tous les avantages à une poi née d'oisifs? s'user au travail et ne connaître que la gêne, si ce n'est la misère, lorsque le chômage arrivera? Est-ce cela que vous convoitez dans la vie?

Peut-être vous résignerez-vous. N'entrevoyant pas d'issue à la situation, il se peut que vous vous disiez : « Des générations entières ont subi le même sort, et moi, qui ne puis rien y changer, je dois le subir aussi!. Donc, travaillons, et tâchons de vivre de notre mieux. »

Soit! Mais alors la vie elle-même se chargera de vous éclairer.

Un jour, viendra la crise, une de ces crises, non plus passagères comme jadis, mais qui tuent raide toute une industrie, qui réduisent à la misère des milliers de travailleurs, qui déciment les familles. Vous lutterez, comme les autres, contre cette calamité. Mais, vous vous apercevrez bientôt comment votre femme, votre enfant, votre ami, succombent peu à peu aux privations, faiblissent à vue d'œil et, faute d'aliments, faute de soins, finissent par s'éteindre sur un grabat, tandis que la vie roule ses flots joyeux dans les rues rayonnantes de soleil de la grande ville, insouciante de ceux qui périssent. Vous comprendrez alors ce que cette société a de révoltant, vous songerez aux causes de la crise et votre regard sondera toute la profondeur de cette iniquité qui expose des milliers d'êtres humains à la cupidité d'une poignée de fainéants; vous comprendrez que les socialistes ont raison lorsqu'ils disent que la société actuelle doit être, qu'elle peut être transformée de fond en comble.

Un autre jour, lorsque votre patron cherchera, par une nouvelle réduction de salaires, à vous soustraire encore quelques us pour arrondir d'autant sa fortune, vous protesterez; mais il

répondra avec arrogance : « Allez brouter l'herbe, si vous ne
voulez pas travailler pour ce prix-là. » Vous comprendrez alors,
que votre patron non seulement cherche à vous tondre comme un
mouton, mais qu'il vous considère encore comme de race infé-
rieure; que, non content de vous tenir dans ses griffes par le
salaire, — il aspire encore à faire de vous un esclave, à tous
égards. Alors, ou bien vous plierez le dos, vous renoncerez au
sentiment de la dignité humaine, et vous finirez par subir toutes
les humiliations. Ou bien, le sang vous montera à la tête, vous
aurez horreur de la pente sur laquelle vous glissez, vous ripos-
terez et, jeté sur le pavé, vous comprendrez alors que les socialistes ont raison lorsqu'ils disent : « Révolte-toi! révolte-toi
contre l'esclavage économique, car celui-ci est la cause de tous
les esclavages! » Alors vous viendrez prendre votre place dans
les rangs des socialistes et vous travaillerez avec eux à l'abolition
de tous les esclavages : économique, politique et social.

Quelque jour vous apprendrez l'histoire de la jeune fille, dont
autrefois vous aimiez tant le regard franc, la démarche svelte et
la parole animée. Après avoir lutté des années contre la misère,
elle a quitté son village pour la grande ville. Là, elle savait que
la lutte pour l'existence serait dure, mais, du moins, espérait-elle
gagner honnêtement son pain. Eh bien, vous savez maintenant
le sort qu'elle a eu. Courtisée par un fils de bourgeois, elle s'est
laissé engluer par ses belles paroles, elle s'est donnée à lui avec
la passion de la jeunesse, pour se voir abandonnée au bout d'un
an, un enfant sur les bras. Toujours courageuse, elle n'a cessé de
lutter; mais elle a succombé dans cette lutte inégale contre la
faim et le froid et elle a fini par expirer dans on ne sait quel
hôpital... Que ferez-vous alors? Ou bien, vous écarterez tout souvenir gênant par quelques stupides paroles : « Ce n'est ni la première ni la dernière », direz-vous, et un soir on vous entendra
dans un café, en compagnie d'autres brutes, offenser la mémoire
de la jeune femme par de sales propos. Ou bien, ce souvenir vous
remuera le cœur; vous chercherez à rencontrer le pleutre séduc-

teur pour lui jeter son crime à la face ; vous songerez aux causes de ces faits qui se répètent tous les jours et vous comprendrez qu'ils ne cesseront pas, tant que la société sera divisée en deux camps : les misérables d'un côté, et de l'autre les oisifs, les jouisseurs aux belles paroles et aux appétits brutaux. Vous comprendrez qu'il est bien temps de combler ce gouffre de séparation, et vous courrez vous ranger parmi les socialistes.

Et vous, femmes du peuple, cette histoire vous laissera-t-elle froides ? En caressant la tête blonde de cette enfant qui se blottit près de vous, ne penserez-vous jamais au sort qui l'attend, si l'état social actuel ne change pas ! Ne penserez-vous jamais à l'avenir qui est réservé à votre jeune sœur, à vos enfants ? Voulez-vous que vos fils, eux aussi, végètent comme votre père a végété, sans d'autre souci que celui du pain, sans d'autres joies que celles du cabaret ! Voulez-vous que votre mari, votre garçon, soient toujours à la merci du premier venu qui a hérité de son père un capital à exploiter ? Voulez-vous qu'ils restent toujours les esclaves du patron, la chair à canon des puissants, le fumier qui sert d'engrais aux champs des riches ?

Non, mille fois non ! Je sais bien que votre sang bouillonnait lorsque vous avez entendu que vos maris, après avoir commencé bruyamment une grève, ont fini par accepter, chapeau bas, les conditions dictées d'un ton hautain par le gros bourgeois ! Je sais que vous avez admiré ces femmes espagnoles qui vont aux premiers rangs présenter leurs poitrines aux baïonnettes des soldats lors d'une émeute populaire ! Je sais que vous répétez avec respect le nom de cette femme qui alla loger une balle dans la poitrine du satrape, lorsqu'il se permit un jour d'outrager un socialiste détenu en prison. Et je sais aussi que votre cœur battait lorsque vous lisiez comment les femmes du peuple de Paris se réunissaient sous une pluie d'obus pour encourager « leurs hommes » à l'héroïsme.

Je le sais, et c'est pourquoi je ne doute pas que vous aussi, vous finirez par venir vous joindre à ceux qui travaillent à la conquête de l'avenir.

Vous tous, jeunes gens, sincères, hommes et femmes, paysans, ouvriers, employés et soldats, vous comprendrez vos droits et vous viendrez avec nous ; vous viendrez travailler avec vos frères à préparer la révolution qui, abolissant tout esclavage, brisant toutes les chaînes, rompant avec les vieilles traditions et ouvrant à l'humanité entière de nouveaux horizons, viendra enfin établir dans les sociétés humaines, la vraie Egalité, ia vraie Liberté ; le travail pour tous, et pour tous la pleine jouissance des fruits de leurs labeurs, la pleine jouissance de toutes leurs facultés ; la vie rationnelle, humanitaire et heureuse !

Qu'on ne vienne pas nous dire que, petite poignée, nous sommes trop faibles pour atteindre le but grandiose que nous visons.

Comptons-nous, et voyons combien nous sommes qui souffrons de l'injustice. Paysans, qui travaillons pour autrui et qui mangeons l'avoine pour laisser le froment au maître, nous sommes des millions d'hommes ; nous sommes si nombreux qu'à nous seuls nous formons la masse du peuple. Ouvriers qui tissons la soie et le velours pour nous vêtir de haillons, nous sommes aussi des multitudes, et quand les sifflets des usines nous permettent un instant de repos, nous inondons les rues et les places, comme une mer mugissante. Soldats qu'on mène à la baguette, nous qui recevons les balles pour que les officiers aient les croix et les pompons, nous, pauvres sots, qui n'avons su jusqu'à maintenant que fusiller nos frères, il nous suffira de faire volte-face pour voir pâlir ces quelques personnages galonnés qui nous commandent. Nous tous qui souffrons et qu'on outrage, nous sommes la foule immense, nous sommes l'océan qui peut tout engloutir. Dès que nous en aurons la volonté, un moment suffira pour que justice se fasse.

Paris. — Impr. G. Chaponet, 7, rue Bleue.

Librairie C. REINWALD. — SCHLEICHER Frères et Cⁱᵉ, Éditeurs
Paris. — 15, rue des Saints-Pères, 15. — Paris (VIᵉ)

BUCHNER (L.). — L'Homme selon la Science, son passé, son présent, son avenir ou : D'où venons-nous? Qui sommes-nous? Où allons-nous? Exposé très simple, suivi d'un grand nombre d'éclaircissements et remarques scientifiques, par le Dr L. Büchner. Traduit de l'allemand, par le Dr Ch. Letourneau, 4e édition, revue et augmentée par l'auteur. 1 vol. in-8° orné de nombreuses gravures sur bois. ... **7 fr.**

— **Force et Matière** ou principes de l'ordre naturel de l'univers mis à la portée de tous, avec une théorie de la morale basée sur ces principes, par le Dr L. Büchner. Traduit sur la dix-septième édition allemande, avec l'approbation de l'auteur, par A. Regnard. 7e édition, avec une biographie de l'auteur et une préface du traducteur. 1 vol. in-8° avec le portrait de l'auteur. ... **7 fr.**

— **Lumière et Vie.** Trois leçons populaires d'histoire naturelle sur le soleil dans ses rapports avec la vie, sur la circulation des forces et la fin du monde, sur la philosophie de la génération, par le Dr L. Büchner. Traduit de l'allemand par le Dr Ch. Letourneau. 1 vol. in-8°. ... **6 fr.**

— **La Vie psychique des bêtes**, par le Dr L. Büchner. Traduit de l'allemand par le Dr Ch. Letourneau. 1 vol. in-8° avec gravures sur bois. Broché, 7 fr; relié toile, tr. dorées. ... **9 fr.**

CORNELISSEN (C.). — Théorie de la valeur : Réfutation des théories de Rodbertus, Karl Marx, Stanley-Jevons et Boehm-Bawerk, par Christian Cornelissen. 1 vol. in-16. ... **4 fr.**

DARWIN (C.) — La Descendance de l'Homme et la Sélection sexuelle, par Ch. Darwin Traduit d'après la seconde édition anglaise revue et augmentée par Edmond Barbier, préface de Carl Vogt. 3e édition française (2e tirage). 1 vol. in-8° avec gravures sur bois, cartonné à l'anglaise. ... **12 50**

— **L'Origine des Espèces** au moyen de la sélection naturelle, ou la Lutte pour l'existence dans la nature, par Ch. Darwin. Traduit sur l'édition anglaise définitive par l'auteur, par Edmond Barbier. 1 vol. in-8°, cartonné à l'anglaise. ... **9 fr.**

DUMONT (A.). — Natalité et Démocratie. Conférences faites à l'Ecole d'Anthropologie de Paris par Arsène Dumont, membre des Sociétés d'Anthropologie et de Statistique de Paris. 1 vol. in-12 avec carte. ... **fr.**

— **La morale basée sur la démographie**, par Arsène Dumont, membre des Sociétés d'Anthropologie et de Statistique de Paris. 1 vol. in-16. ... **3 50**

GIROUD (Gabriel). — Observations sur le développement de l'enfant. Petit guide d'anthropométrie familiale et scolaire, par Gabriel Giroud, instituteur public. Préface de M. Emile Duclaux, membre de l'Académie des Sciences, directeur de l'Institut Pasteur. 1 vol. in-18 jésus avec 20 figures et 2 planches. ... **1 50**

— **Cempuis. Education intégrale, coéducation des sexes**, par Gabriel Giroud, ancien élève de l'orphelinat Prévost, à Cempuis. 1 vol. in-8 avec 50 figures. ... **10 fr.**

HÆCKEL (E.). — Histoire de la Création des Etres organisés d'après les lois naturelles. Conférences scientifiques sur la doctrine de l'évolution en général et celle de Darwin, Goethe et Lamarck en particulier. Traduit de l'allemand et revu sur la septième édition allemande, par le Dr Ch. Letourneau; 3e édition. Nouveau tirage. 1 vol. in-8° avec 17 planches, 20 gravures sur bois, 21 tableaux généalogiques et une carte chromo-lithographique. Cartonné à l'anglaise. ... **12 50**

— **Les Énigmes de l'Univers.** Traduit de l'allemand par Camille Bos. 1 vol. in-8°. ... **10 fr.**

LAVROFF (P.). — Lettres historiques, par Pierre Lavroff, traduit du russe et précédé d'une notice bio-bibliographique par Marie Goldsmith. 1 vol. in-16 de la Bibliothèque d'histoire et de sociologie. ... **4 fr.**

LEYRET (Henry). — Les nouveaux jugements du Président Magnaud. 1 vol. in-16 avec le portrait du Président Magnaud ... **3 50**

PELLOUTIER (F.). — Histoire des Bourses du Travail — Origines. Institutions. Avenir. — Ouvrage posthume de Fernand Pelloutier, secrétaire général de la Fédération des Bourses du Travail de France et des Colonies. Préface par Georges Sorel. Notice biographique par Victor Dave. 1 vol. in-16. ... **3 50**

RECLUS (E.). — Les Primitifs, études d'ethnologie comparée, par Elie Reclus. 1 vol. in-16. ... **4 fr.**

ROYER (Mme C.), — Histoire du Ciel, par Mme Clémence Royer. 1 vol. in-18 avec 37 figures dans le texte et 1 planche. ... **3 50**

ROYER (Clémence). — La Constitution du Monde. Dynamique des atomes. Nouveaux principes de philosophie naturelle, par Mme Clémence Royer. 1 vol. in-8° de xxii-800 pages avec 92 figures et 4 planches hors texte. ... **15 fr.**

SPENCER (Herbert). — Les Premiers Principes, par Herbert Spencer. Traduit sur la sixième édition anglaise complètement revue et modifiée par l'auteur, par M. Guymiot. 1 vol. in-8°, avec le portrait de l'auteur. ... **10 fr.**

Revue générale de Bibliographie Française, dirigée par Victor Dave et Alfred Costes, paraissant tous les mois. Les abonnements sont annuels, et partent de janvier et de juillet. Abonnements; Paris et départements, **10 fr.**; Etranger, **12 fr.**

LES TEMPS NOUVEAUX

Paraissant tous les 8 jours avec un Supplément littéraire.

10 centimes le numéro. — *Administration :* **4, rue Broca**

Abonnements : FRANCE, un an, 6 fr. ; EXTÉRIEUR, 8 fr.

En vente aux *Temps Nouveaux* :

Aux Jeunes Gens, *par Kropotkine, couverture de Roubille* (1)...... » 15
La Commune de Paris, *par Bakounine*........................ » 15
La Peste religieuse, *par J. Most*.......................... » 10
Les deux Méthodes du syndicalisme, *par Delesalle*.......... » 15
L'Education libertaire, *D. Nieuwenhuis, couv. de Hermann-Paul* ... » 15
Enseignement bourgeois et Enseignement libertaire, *par J. Grave, couverture de Cross*........................ » 15
Le Machinisme, *par J. Grave, avec couverture de Luce*........... » 15
Les Temps nouveaux, *Kropotkine, avec couverture de C. Pissarro*. » 30
Pages d'histoire socialiste, *par W. Tcherkesoff*............... » 30
La Panacée-Révolution, *par J. Grave, avec couverture de Mabel*.. » 15
L'Ordre par l'anarchie, *par D. Saurin*...................... » 60
Les Syndicats et la Révolution, *de L. Niel*................. » 15
L'Art et la Société, *par Ch. Albert*........................ » 30
A mon frère le paysan, *par E. Reclus, couverture de L. Chevalier*. » 10
La Morale anarchiste, *par Kropotkine, couverture de Rysselberghe* » 15
Rapports au Congrès antiparlementaire, *couverture de C. Dissy*. » 35
La Colonisation, *par J. Grave, couverture de Couturier*........ » 15
Marchand-Fashoda, *par L. Guétant*......................... » 15
Entre paysans, *par E. Malatesta, couverture de Willaume*....... » 15
Le Militarisme, *par D. Nieuwenhuis, couverture de Comin'Ache*... » 15
Patrie, Guerre et Caserne, *par Ch. Albert, ill. d'Agar*......... » 15
L'Organisation de la vindicte appelée justice, *par Kropotkine, couverture de J. Hénault*...................... » 15
L'Anarchie et l'Eglise, *E. Reclus et Guyou, couv. de Daumont*.... » 30
La Grève des Electeurs, *par Mirbeau, couv. de Roubille* .... » 15
Organisation, Initiative, Cohésion, *J. Grave, couv. de Signac*.... » 15
Le Tréteau électoral, *piécette en vers, par Léonard, couv. de Heidbrinck*........................ » 15
L'Election du Maire, *id., par Léonard, couv. de Vallotton*......... » 15
La Mano Negra, *couverture de Luce*........................ » 15
La Responsabilité et la Solidarité dans la lutte ouvrière, *par Nettlau, couv. de Delannoy*........................ » 15
Anarchie-Communisme, *Kropotkine, couv. de Lochard*........... » 15
L'Anarchie, *par E. Malatesta*............................... » 20
L'Anarchie, *par A. Girard*................................. » 10
Aux anarchistes qui s'ignorent, *par Ch. Albert, couv. de Couturier*. » 10
Si j'avais à parler aux électeurs, *J. Grave, couv. de Heidbrinck*.. » 15
La Mano Negra et l'Opinion française, *couverture de Hénault*... » 10
La Mano Negra, *dessins de Hermann-Paul*................... » 40
Guerre-Militarisme, édition illustrée de 10 dessins. — Patriotisme-Colonisation, édition illustrée de 10 dessins. Prix dans nos bureaux : 7 fr. 50 chacun ; par colis postal : 8 fr. 10.
L'édition non illustrée : dans nos bureaux, 2 fr. 10 ; franco : 3 francs.
Ces prix sont réservés à nos lecteurs. En librairie, 9 francs l'édition illustrée ; 3 fr. 50 l'édition non illustrée.
Les Temps Nouveaux, sept années complètes : 7 fr. l'année.
La Révolte, journal et supplément, collection complète (deux seulement restant) : 150 francs. Supplément de la *Révolte* : 14 francs.
Images à l'usage des enfants. — *Chauvinard* ; 3 fr. le cent.

(1) *Prix dans nos Bureaux, les petites brochures se vendent 0 fr. 05, et les volumes 0 fr. 25 en moins.*

1454. — Imprimerie G. Chaponet, 7, rue Bleue.

www.ingramcontent.com/pod-product-compliance
Lightning Source LLC
Chambersburg PA
CBHW051340060726
47596CB00004B/1706